Thomas Hesele

AF192095

Die Weinjahrgänge Deutschland Österreich Schweiz

Die Anbaugebiete
ab 1970.

Ausgabe 2003

Umschlaggestaltung und Titelfoto
Jochen Eckermann: com4trade@web.de

Books on Demand GmbH, Norderstedt
Kleinostheim-Waldstadt 2002
ISBN: 3-8311-4780-9
Printed in Germany.

Inhaltsverzeichnis

Inhaltsverzeichnis

Teil 2: Österreich

Inhaltsverzeichnis

Teil 3: Schweiz

Einführung

Der europäische Weinmarkt macht sich. Die Entwicklung geht eindeutig in Richtung Qualität. Private Erzeuger, aber auch Genossenschaften, egal ob Groß- oder Kleinbetrieb, investieren in neueste Technik. Sie schaffen moderne, aber auch traditionelle Weine höchster Qualität. Natürlich bieten die meisten Genossenschaften nach wie vor ordentliche Schoppenweine für den Alltagsgebrauch. Tatsache aber ist, daß viele Erzeuger, selbst Kleinbetriebe, dazu übergehen, eigene "Marken und Direktvertriebswege für ihre Weine zu schaffen. Dazu kommt noch eine Vielzahl an Boutique-Weinen, die in kleinsten Mengen höchsten Qualitätsansprüchen genügen wollen. Das führt zu einem breiten, leider auch immer unübersichtlicheren Angebot an guten Tropfen. Es wird immer schwieriger, den Überblick zu behalten, und erst recht für Neueinsteiger sich einen Überblick zu verschaffen.

Das unausgeglichene nordeuropäische Klima führt bei den Jahrgängen oft zu extremen Unterschieden. Im Gegensatz wie z.B. in Spanien, wo klimatische Schwankungen zwar auftreten, aber bei weitem nicht die Intensität wie in Deutschland, Österreich oder der Schweiz erreichen. Dort kommt es zu deutlichen Qualitätsschwankungen, da die Qualität eines Weines nun mal in ganz deutlichem Maß von den klimatischen Randbedingungen des betreffenden Jahres abhängt.

Da in Deutschland, Österreich und der Schweiz traditionell mehr Weißweine produziert werden, die für gewöhnlich eine relativ geringe Lagerfähigkeit aufweisen, sind ältere Jahrgänge im Handel rar. Die Zahl der (noch) trinkbaren (und falls noch trinkbar, bezahlbaren) Tropfen ist relativ gering. Allenfalls bei Spezialitäten wie Beeren-, Trockenbeerenauslesen und Eisweinen findet man ältere Jahrgänge.

Einführung

Deshalb habe ich mich aus praktischen Erwägungen entschlossen, auch in diesem Handbuch mit dem Jahrgang 1970 zu beginnen. Als Quelle dienten die Angaben der Weinbauverbände, Pressemitteilungen, Herstellerangaben, Klimatabellen und natürlich eigene Recherchen. Ich habe aus dieser Flut von Daten versucht, eine relativ sichere, übersichtliche Zusammenfassung herzuleiten.

Zweck meines Handbuches soll es sein, Ihnen eine klare Entscheidungshilfe zu bieten.

Der Jahrgang 2002 wird jetzt, im Oktober 2002 von den Winzern als qualitativ gut eingeschätzt. Der Ertrag liegt deutlich unter dem des Jahres 2001. Der Herbst brachte nach einem relativ feuchten Sommer gegen Ende noch einige wichtige Sonnentage. Qualitativ rechnet man trotz Regen bei der Lese mit einem guten Jahrgang.

Ich hoffe, Ihnen mit meinem kleinen Handbuch eine praktische Hilfe für Ihre Entscheidungen beim Weinkauf anbieten zu können.

Zum Wohle!

Teil 1

Deutschland

Einführung Deutschland

Der deutsche Weinmarkt unterscheidet sich durch sein Klassifizierungssystem grundlegend vom restlichen Europa:

Es beruht im Wesentlichen auf dem Reifegrad der Trauben.

Die Lage spielt im Hinblick auf die Qualitätsbestimmung in Deutschland so gut wie keine Rolle. Das deutsche Weingesetz unterscheidet zwar die geographische Lage im Hinblick auf Herkunft. Zur Übersicht für den Verbraucher trägt das aber leider nicht gerade bei: Die sogenannte Einzellage, die der Winzer auf dem Etikett seiner Weine nennen darf, ist eine von weit über 2.500 und darüber hinaus gibt es auch noch Großlagen-Bezeichnungen.

Zu den Qualitätskategorien für deutschen Wein möchte ich folgendes zusammenfassen:

Sofern der deutsche Sonnenschein die Trauben soweit reifen läßt, daß kein Zukker mehr zugegeben werden muß, dürfen sich die daraus gewonnenen Weine

"Qualitätswein mit Prädikat

kurz "QmP ¡ nennen und bilden damit die oberste Qualitätskategorie. Innerhalb dieser QmP-Kategorie wird absteigend unterschieden zwischen

- **Trockenbeerenauslese**
- **Beerenauslese**
- **Auslese**
- **Spätlese**
- **Kabinett**.

Die Trockenbeerenauslese stellt die edelsüße Spitze, Kabinett die erste Stufe innerhalb der Kategorie "QmP dar.

Weine, denen aufgrund fehlender Reife der Trauben Zuckerzusatz erfordern, bilden die unter den QmP angesiedelte Qualitätskategorie

"Qualitätswein bestimmter Anbaugebiete

- kurz "QbA .

Das dritte ¡ und unterste Qualitätssegment bildet der

"Tafelwein .

Allerdings finden sich in dieser Kategorie auch viele Boutique-Weine insurgenter Erzeuger, die aufgrund des bestehenden Reglements ihre Spitzentropfen in dieses Segment einordnen müssen.

Seit dem Jahrgang 2000 finden sich in Deutschland die Qualitätsbezeichnungen

- **Selection**, die für trocken ausgebaute Spitzenweine steht und

- **Classic**, worunter trocken ausgebaute, sortenreine Schoppenweine fallen.

Der **Eiswein** stellt eine Süßwein-Spezialitat dar. Die Lese der überreifen, gefrorenen Trauben findet bei Frost, lange nach der eigentlichen Lese im Herbst, oft in den ersten Wochen des darauf folgenden Jahres, statt. Vorgeschrieben ist mindestens der Reifegrad für eine Beerenauslese, er liegt aber oft deutlich darüber. Oberes Preissegment, da sehr rar.

Ahr (D)

Region / Weinsorten

Anbaugebiet mit meist kleinen Winzerbetrieben (starker Genossenschaftsanteil). Hauptproduktion Spätburgunder, oft von sehr guter Qualität; teils Barrique-Ausbau.

Klima / Bodenverhältnisse

Milder Einfluß der Eifelberge. Böden: Schiefer und verwitterter Schiefer. Vulkanischer Untergrund. In der Flußniederung der Ahr Schwemmland (Löß).

Rebsorten

Weiß: Bacchus, Kerner, Müller-Thurgau, Optima, Ortega, Riesling, Würzer.
Rot: Domina, Dornfelder, Dunkelfelder, Frühburgunder, Portugieser, Spätburgunder.

Jahrgangstabelle:

1970	***	1986	***
1971	****	1987	***
1972	**	1988	****
1973	****	1989	****
1974	***	1990	***
1975	*****	1991	***
1976	****	1992	****
1977	*	1993	***
1978	**	1994	****
1979	****	1995	****
1980	**	1996	***
1981	**	1997	***
1982	**	1998	**
1983	***	1999	****
1984	**	2000	***
1985	****	2001	****

*	=	mangelhaft
**	=	durchschnittlich
***	=	gut
****	=	sehr gut
*****	=	hervorragend

Baden (D)

Region / Weinsorten

Einzige EG-Weinbauzone "B Deutschlands. Oft sehr kleingliedrige Weinberge. Hoher Genossenschaftsanteil. Spezialität: Roséweine. "Baden Selection -Weine vergleichbar mit "Grand-Cru-Weinen .

Klima / Bodenverhältnisse

Mildes Klima (Rheingraben). Wegen der Größe des Anbaugebietes sehr unterschiedliche Bodenverhältnisse.

Rebsorten

Weiß: Auxerrois, Gewürztraminer, Grauburgunder, Gutedel, Kerner, Müller-Thurgau, Muskateller, Silvaner, Weißburgunder.
Rot: Spätbrugunder.

Jahrgangstabelle

1970	***	1986	***
1971	****	1987	****
1972	**	1988	***
1973	****	1989	*****
1974	**	1990	****
1975	***	1991	**
1976	*****	1992	***
1977	**	1993	****
1978	**	1994	***
1979	***	1995	**
1980	**	1996	***
1981	***	1997	****
1982	**	1998	***
1983	****	1999	****
1984	***	2000	***
1985	***	2001	****

*	=	mangelhaft
**	=	durchschnittlich
***	=	gut
****	=	sehr gut
*****	=	hervorragend

Franken (D)

Region / Weinsorten

Weinbaugebiet entlang des Tals des Mains. Kleingliedrige Weinberge, meist in bäuerlicher Hand. Hoher Genossenschaftsanteil. Meist kernige, säurebetonte, trockene Weißweine, selterner Rotweine. Spezialität: Bocksbeutelflasche. Trinkreife: 2 - 5 Jahre.

Klima / Bodenverhältnisse

Kontinentales Klima; warme Sommer, kalte Winter. Böden meist Kalk- oder Sandstein.

Rebsorten

Weiß: Albalonga, Bacchus, Grauburgunder, Kerner, Müller-Thurgau, Perle, Scheurebe, Rieslaner, Riesling, Silvaner.
Rot: Dornfelder, Portugieser, Spätburgunder.

Jahrgangstabelle:

1974	***	1988	****
1975	****	1989	***
1976	****	1990	****
1977	**	1991	***
1978	***	1992	****
1979	****	1993	****
1980	**	1994	****
1981	**	1995	*
1982	*	1996	***
1983	****	1997	***
1984	***	1998	***
1985	***	1999	****
1986	****	2000	***
1987	***	2001	****

*	=	mangelhaft
**	=	durchschnittlich
***	=	gut
****	=	sehr gut
*****	=	hervorragend

Hessische Bergstraße (D)

Region / Weinsorten

Kleines Anbaugebiet an den westlichen Ausläufern des Odenwaldes. Meist kleine Winzerbetriebe mit Produktion für den regionalen Verbrauch und Direktvertrieb. Kaum Genossenschaften. Teils sehr guter, trockener Riesling. Weine erscheinen oft dünn. Trinkreife: 1 - 2 Jahre.

Klima / Bodenverhältnisse

Mildes Klima, durch den Rheingraben begünstigt. Böden: Fruchtbare Oberschicht, Untergrund Kalk.

Rebsorten

Weiß: Ehrenfelser, Gewürztraminer, Kerner, Müller-Thurgau, Silvaner, Scheurebe, Weißburgunder.
Rot: Portugieser, Rotberger, Spätburgunder.

Jahrgangstabelle:

1970	***	1986	****
1971	****	1987	***
1972	**	1988	***
1973	****	1989	*****
1974	***	1990	****
1975	****	1991	***
1976	*****	1992	***
1977	*	1993	****
1978	**	1994	***
1979	****	1995	***
1980	*	1996	***
1981	**	1997	****
1982	*	1998	***
1983	****	1999	****
1984	**	2000	***
1985	***	2001	****

*	=	mangelhaft
**	=	durchschnittlich
***	=	gut
****	=	sehr gut
*****	=	hervorragend

Mittelrhein (D)

Region / Weinsorten

Heimat des berühmten Rheinweines. Region zwischen Bingen und Bonn. Teils terrassierte Steillagen. Kleine Weinbaubetriebe, kaum Genossenschaften. Säurebetonte, kernige Weine, teilweise auch für Sektherstellung.

Klima / Bodenverhältnisse

Klimatisch durch Rheingraben begünstigt. Böden: Schiefer teilweise stark verwittert (= extraktreiche Weine) oder vulkanischer Untergrund.

Rebsorten

Weiß: Kerner, Müller-Thurgau, Riesling.
Rot: Portugieser, Spätburgunder.

Jahrgangstabelle:

1987	***	1995	****
1988	**	1996	****
1989	**	1997	***
1990	***	1998	***
1991	**	1999	****
1992	****	2000	***
1993	****	2001	****
1994	***		

*	=	mangelhaft
**	=	durchschnittlich
***	=	gut
****	=	sehr gut
*****	=	hervorragend

Mosel / Saar / Ruwer (D)

Region / Weinsorten

Riesling von der Mosel hatte und hat Weltruhm. Elegante bis füllige Weißweine, meist als Kabinett oder Spätlesen. Klimatisch bedingt seltener Auslesen.

An Saar und Ruwer meist mehr Qualitäts- als Prädikatswein.

Klima / Bodenverhältnisse

Mosellagen feucht und relativ kühl, an Saar und Ruwer noch kühleres Klima. Böen meist Schiefer, am Oberlauf der Mosel auch Kalk, Mergel, Sandstein.

Rebsorten

Weiß: Müller-Thurgau, Riesling
Rot: Spätburgunder

Jahrgangstabelle:

1970	***	1986	***
1971	****	1987	**
1972	**	1988	****
1973	**	1989	*****
1974	**	1990	*****
1975	****	1991	***
1976	****	1992	****
1977	*	1993	****
1978	*	1994	*****
1979	***	1995	***
1980	*	1996	**
1981	**	1997	****
1982	**	1998	***
1983	****	1999	****
1984	***	2000	***
1985	***	2001	***

*	=	mangelhaft
**	=	durchschnittlich
***	=	gut
****	=	sehr gut
*****	=	hervorragend

Nahe (D)

Region / Weinsorten

Mineralische, komplexe Weißweine, aber auch einige sehr gute Rotweine (Spätburgunder). Verstreut liegende Rebflächen, meist an leicht geneigten Hängen. Kaum Steillagen.

Klima / Bodenverhältnisse

Sonnige, warme Region; durch die Berge des Hunsrücks geschützte Lage. Unterschiedlichste Bodenstruktur aus Porphyr, Sandstein, Basalt oder Quarzit.

Rebsorten

Weiß: Huxelrebe, Kerner, Müller-Thurgau, Ortega, Riesling, Scheurebe, Silvaner.
Rot: Dornfelder, Portugieser, Spätburgunder.

Jahrgangstabelle:

1970	*****	1986	***
1971	****	1987	**
1972	**	1988	***
1973	****	1989	****
1974	**	1990	*****
1975	****	1991	***
1976	*****	1992	***
1977	**	1993	*****
1978	**	1994	***
1979	****	1995	***
1980	**	1996	****
1981	***	1997	***
1982	**	1998	****
1983	***	1999	****
1984	*	2000	***
1985	***	2001	****

*	=	mangelhaft
**	=	durchschnittlich
***	=	gut
****	=	sehr gut
*****	=	hervorragend

Pfalz (D)

Region / Weinsorten

Ausgereifte, gehaltvolle Weine. Flache Rebflächen mit teils hohem Rieslinganteil. Blumige Weißweine, teils kräftige Rote. Produktion von Massenweinen, aber auch Prädikatsweine hoher Qualität.

Klima / Bodenverhältnisse

Trocken und sonnig wie nirgends in Deutschland. Trotz flacher Lagen optimale Weinbauvoraussetzungen. Schwere Böden unterschiedlicher Art, oft Lehm, aber auch Sandstein, Porphyr, Kalk oder Granit.

Rebsorten

Weiß: Gewürztraminer, Kerner, Morio-Muskat, Müller-Thurgau, Riesling, Ruländer, Silvaner.
Rot: Dornfelder, Portugieser, Spätburgunder.

Jahrgangstabelle:

1970	***	1986	***
1971	*****	1987	*
1972	**	1988	****
1973	****	1989	****
1974	***	1990	*****
1975	****	1991	**
1976	*****	1992	*****
1977	*	1993	*****
1978	**	1994	****
1979	****	1995	*****
1980	**	1996	*****
1981	***	1997	****
1982	**	1998	****
1983	***	1999	***
1984	*	2000	****
1985	****	2001	***

*	=	mangelhaft
**	=	durchschnittlich
***	=	gut
****	=	sehr gut
*****	=	hervorragend

Rheingau (D)

Region / Weinsorten

Klassische Riesling-Region. Weinbau schon seit römischer Zeit. In tieferen, feuchten Lagen am Rhein oft edelsüße Weine duch Botrytis comerea. Kräftige Rieslinge mit Eleganz und Finesse.

Klima / Bodenverhältnisse

Zwar kühles Klima, aber durch die Nähe des Rheins positiv beeinflußt. Böden unterschiedlichster Art: Schiefer, teils verwittert; Mergel und Kalk; in tieferen Lagen Lehm und kiesiger Sand.

Rebsorten

Weiß: Cardonnay, Müller-Thurgau, Riesling.
Rot: Spätburgunder.

Jahrgangstabelle:

1970	***	1986	**
1971	*****	1987	**
1972	*	1988	*****
1973	***	1989	*****
1974	**	1990	*****
1975	***	1991	**
1976	*****	1992	*****
1977	*	1993	****
1978	**	1994	****
1979	****	1995	*****
1980	***	1996	****
1981	****	1997	****
1982	**	1998	****
1983	***	1999	****
1984	*	2000	****
1985	*****	2001	****

*	=	mangelhaft
**	=	durchschnittlich
***	=	gut
****	=	sehr gut
*****	=	hervorragend

Rheinhessen (D)

Region / Weinsorten

Großes Anbaugebiet mit zumeist einfachen, weißen Schoppenweinen. Teils hervorragende Rieslinge. Als Spezialität machte "Liebfrauenmilch ein QbA "süßer Art einst über die Hälfte des deutschen Exportes aus. Zweitklassiges Massenprodukt aus Verschnitt von Riesling, Kerner, Silvaner oder Müller-Thurgau.

Klima / Bodenverhältnisse

Mildes Klima, oft mit sonnigem, trockenem Herbst. Geschützt durch Berge des Taunus im Norden und denen des Odenwaldes im Osten. Böden unterschiedlichster Art: Löß, Kalk, toniger Sand, Quarzit, Porphyr.

Rebsorten

Weiß: Chardonnay, Grauburgunder, Kerner, Müller-Thurgau, Rieslaner, Riesling, Scheurebe, Silvaner.
Rot: Dornfelder, Portugieser.

Jahrgangstabelle:

1970	***	1986	**
1971	*****	1987	**
1972	**	1988	****
1973	**	1989	****
1974	*	1990	*****
1975	****	1991	***
1976	*****	1992	****
1977	*	1993	****
1978	**	1994	***
1979	****	1995	***
1980	**	1996	****
1981	**	1997	***
1982	**	1998	****
1983	****	1999	***
1984	*	2000	***
1985	****	2001	****

*	=	mangelhaft
**	=	durchschnittlich
***	=	gut
****	=	sehr gut
*****	=	hervorragend

Saale-Unstrut (D)

Region / Weinsorten

Kleines Weißwein-Anbaugebiet in der Nähe von Leipzig (Umgebung von Naumburg) mit niedrigen Erträgen. Das spiegelt sich in der Qualität ¡ trotz der nördlichen Lage - wieder.

Klima / Bodenverhältnisse

Warme sonnige Sommermonate, kalte Winter. Gefährdet wird der Weinbau durch Frühjahrs- und Spätfröste, die oft ihren Tribut fordern. Böden in Hanglagen Kalk auf Sandstein, in Niederungen Schwemmland.

Rebsorten

Weiß: Gutedel, Müller-Thurgau, Silvaner, Traminer, Weißburgunder.
Rot: Portugieser.

Jahrgangstabelle:

1976	****	1989	****
1977	*	1990	****
1978	**	1991	****
1979	****	1992	*****
1980	***	1993	***
1981	**	1994	****
1982	**	1995	***
1983	***	1996	**
1984	**	1997	****
1985	*****	1998	***
1986	****	1999	***
1987	****	2000	****
1988	****	2001	****

*	=	mangelhaft
**	=	durchschnittlich
***	=	gut
****	=	sehr gut
*****	=	hervorragend

Sachsen (D)

Region / Weinsorten

Kleines Anbaugebiet an der Elbe bei Dresden und Meißen. Trocken ausgebaute, charaktervolle Weißweine weicher Struktur.

Klima / Bodenverhältnisse

Warme sonnige Sommermonate, kalte Winter. Gefährdet wird der Weinbau durch Frühjahrs- und Spätfröste, die oft ihren Tribut fordern. Böden in Hanglagen Granit, in Niederungen Schwemmland.

Rebsorten

Weiß: Müller-Thurgau, Riesling, Traminer, Weiß- und Grauburgunder.
Rot: Portugieser.

Jahrgangstabelle:

1976	****	1989	****
1977	*	1990	****
1978	**	1991	****
1979	****	1992	*****
1980	***	1993	***
1981	**	1994	****
1982	**	1995	***
1983	***	1996	**
1984	**	1997	****
1985	*****	1998	***
1986	****	1999	***
1987	****	2000	****
1988	****	2001	****

*	=	mangelhaft
**	=	durchschnittlich
***	=	gut
****	=	sehr gut
*****	=	hervorragend

Württemberg (D)

Region / Weinsorten

Das Anbaugebiet umfaßt Flußtäler von Neckar, Tauber, Jagst und Kocher, Bereiche um Stuttgart und dem Bodensee. Auch Teile Frankens gehören in Norden dazu. Hoher Anteil guter Rotweine. Spezialität: Schillerwein, ein auf der Maische vergorener Rosé aus weißen und roten Trauben.

Klima / Bodenverhältnisse

Mildes Klima mit sonnigen Sommern und der Schutz der Flußtäler kommen besonders dem Rotweinanbau entgegen. Unterschiedlichste Böden, oft Mergel und Kalk.

Rebsorten

Weiß: Gutedel, Kerner, Müller-Thurgau, Riesling, Ruländer.
Rot: Lemberger, Schwarzriesling, Spätburgunder, Trollinger.

Jahrgangstabelle:

1970	***	1986	***
1971	****	1987	***
1972	**	1988	****
1973	*	1989	*****
1974	*	1990	**
1975	**	1991	***
1976	*****	1992	*****
1977	**	1993	*****
1978	*	1994	****
1979	**	1995	***
1980	***	1996	****
1981	***	1997	****
1982	**	1998	****
1983	***	1999	***
1984	**	2000	****
1985	***	2001	***

*	=	mangelhaft
**	=	durchschnittlich
***	=	gut
****	=	sehr gut
*****	=	hervorragend

Teil 2

Österreich

Einführung Österreich

Die österreichische Weinwirtschaft wurde durch den Glykolskandal von 1985 arg gebeutelt. Die Winzer mischten ihrem Wein das Frostschutzmittel Diethylenglykol bei, offernbar, damit sich der weinseelige Trinker im kühlen Österreich nicht erkältet... ganz nebenbei ließ sich der gepantschte Wein auch noch für ein paar Schillinge teurer verkaufen. Nach bekannt werden des Skandals war österreichischer Wein verständlicher Weise unverkäuflich.

Das daraufhin eiligst verabschiedete österreichische Weingesetz ist nun eines der strengsten weltweit: Verbot des Süße-Zusatzes, beschränkte Erntemengen, hohe Reife-Anforderungen für Lesegut.

Der Qualität der Weine hat das gutgetan.

Das folgende Glossar soll Ihnen die Fachbegiffe der österreichischen Weinwelt zusammenfassen:

- **Bergwein** stammt von Trauben aus Steillagen mit mindestens 26 % Gefälle

- **Heuriger** Bezeichnung für Weine aus der gerade zurückliegenden Ernte

- **Prädikatsweine** sind in Österreich alle Weine ab der Kategorie "Spätlese in folgender Reihenfolge:
- **Spätlese**
- **Auslese**
- **Eiswein**
- **Strohwein**
- **Beerenauslese**
- **Ausbruch**
- **Trockenbeerenauslese**

- **Schilcher** ist ein Roséwein speziell aus der Weststeiermark

- **Vinea Wachau**: wurde 1983 als Reaktion auf den Glycolskanal durch Winzer aus der Wachau als eigene Appellation mit folgender Klassifizierung gegründet:

  - **Steinfelder** (leichte, trocken ausgebaute Weine)
  - **Federspiel** (liegt in etwa bei Kabinett)
  - **Smaragd** (in etwa vergleichbar mit trockener Spätlese)

Carnutum (A)

Region / Weinsorten

Eigener Status in Niederösterreich seit 1993. Östlich von Wien im Süden des Donautal gelegen. Produktion von hervorragendem Grünen Veltiner.

Klima / Bodenverhältnisse

Mildes, kontinentales Klima, begünstigt durch die Lage im Donautal. Unterschiedliche Böden, meist Schiefer oder Kalk auf Urgestein (Granit), in Niederungen Schwemmland (Kies, Lehm, Löß).

Rebsorten

Weiß: Grüner Veltiner, Müller Thurgau, Weißer Burgunder, Welschriesling.
Rot: Blaufränkisch (Lemberger), Blauer Portugieser.

Jahrgangstabelle:

1980	***	1991	*
1981	***	1992	***
1982	**	1993	****
1983	*****	1994	***
1984	**	1995	***
1985	***	1996	**
1986	*****	1997	***
1987	**	1998	**
1988	****	1999	****
1989	*	2000	*****
1990	***	2001	****

*	=	mangelhaft
**	=	durchschnittlich
***	=	gut
****	=	sehr gut
*****	=	hervorragend

Donauland (A)

Region / Weinsorten

In Niederösterreich, westlich von Wien gelegenes, seit 1994 eigenständiges Anbaugebiet mit Schwerpunkt auf Weißwein. Hauptsächlich Grüner Veltiner.

Klima / Bodenverhältnisse

Warme Sommer und ein meist trockenes Klima. Unterschiedliche Böden, meist Schiefer oder Kalk auf Granit, in Niederungen Schwemmland (Kies, Lehm, Löß).

Rebsorten

Weiß: Grüner Veltiner, Müller-Thurgau, Riesling, Welschriesling.

Rot: Blauburgunder, Blauer Portugieser, Pinot Noir, Merlot, Zweigelt.

Jahrgangstabelle:

1980	***	1991	*
1981	***	1992	***
1982	**	1993	****
1983	*****	1994	***
1984	**	1995	***
1985	***	1996	**
1986	*****	1997	***
1987	**	1998	**
1988	****	1999	****
1989	*	2000	*****
1990	***	2001	****

*	=	mangelhaft
**	=	durchschnittlich
***	=	gut
****	=	sehr gut
*****	=	hervorragend

Kamptal (A)

Region / Weinsorten

Im Tal des Flusses Kamp gelegenes, seit 1993 eigenständiges Anbaugebiet in Niederösterreich. Vorwiegend Anbau von Weißweinen in nach Süden ausgerichteten Weingärten. Toplage: "Zöbinger Heiligenstein mit phänomenalen Weinen.

Klima / Bodenverhältnisse

Warme Sommer und ein meist trockenes Klima. Löß und Lehmböden (teils kiesig) auf Granit.

Rebsorten

Weiß: Chardonnay, Grüner Veltiner, Müller-Thurgau, Riesling, Weißburgunder, Welschriesling.
Rot: Cabernet Sauvignon, Blauburgunder, Blauer Portugieser, Pinot Noir, Merlot, Zweigelt.

Jahrgangstabelle:

1980	***	1991	*
1981	***	1992	***
1982	**	1993	****
1983	*****	1994	***
1984	**	1995	***
1985	***	1996	**
1986	*****	1997	***
1987	**	1998	**
1988	****	1999	****
1989	*	2000	*****
1990	***	2001	****

*	=	mangelhaft
**	=	durchschnittlich
***	=	gut
****	=	sehr gut
*****	=	hervorragend

Kremstal (A)

Region / Weinsorten

Niederösterreichisches, seit 1993 eigenständiges Anbaugebiet. Hauptsächlich Weißweine (Grüner Veltiner) aber durchaus auch Rotweine ordentlicher Qualität. In der terrassierten Steillage "Steiner Hund gedeiht ein Spitzenriesling.

Klima / Bodenverhältnisse

Warme Sommer und ein meist trockenes Klima. Unterschiedliche Böden, verwittertes Urgestein (terrassierte Lagen), in Niederungen Schwemmland. Um Rohrendorf sandiger Kiesboden.

Rebsorten

Weiß: Grüner Veltiner, Müller-Thurgau, Riesling, Welschriesling.
Rot: Blauburgunder, Blauer Portugieser, Pinot Noir, Merlot, Zweigelt.

Jahrgangstabelle:

1980	***	1991	*
1981	***	1992	***
1982	**	1993	****
1983	*****	1994	***
1984	**	1995	***
1985	***	1996	**
1986	*****	1997	***
1987	**	1998	**
1988	****	1999	****
1989	*	2000	*****
1990	***	2001	****

*	=	mangelhaft
**	=	durchschnittlich
***	=	gut
****	=	sehr gut
*****	=	hervorragend

Mittelburgenland (A)

Region / Weinsorten

Durch die 1985 durchgeführte Reform
entstandenes Anbaugebiet in Burgenland,
an der Grenze zu Ungarn. Hauptsächlich
Rotweinproduktion, teils auf bemerkens-
wertem Niveau. Etwa zu einem Drittel
Weißweinproduktion.

Klima / Bodenverhältnisse

Durch die Nähe zum Neusiedler See hat
das gesamte Burgenland mit das günstig-
ste, wärmste Klima Österreichs. Sand- und
Lehmböden, in höheren Lagen auch Kalk.

Rebsorten

Weiß: Chardonnay, Furmint, Grüner Vel-
tiner, Müller-Thurgau, Neuburger, Rulän-
der, Weißburgunder.
Rot: Cabernet Sauvignon, Blauburgunder,
Blaufränkisch, St. Laurent, Zweigelt.

Jahrgangstabelle:

1970	***	1986	****
1971	***	1987	*
1972	****	1988	***
1973	*****	1989	**
1974	***	1990	****
1975	***	1991	****
1976	****	1992	****
1977	****	1993	****
1978	**	1994	***
1979	*****	1995	***
1980	**	1996	**
1981	****	1997	****
1982	**	1998	**
1983	****	1999	****
1984	**	2000	*****
1985	****	2001	****

*	=	mangelhaft
**	=	durchschnittlich
***	=	gut
****	=	sehr gut
*****	=	hervorragend

Neusiedlersee (A)

Region / Weinsorten

Im Osten Österreichs gelegenes Anbauge-
biet am Ufer des sehr flachen Neusiedler-
sees. Durch Botrytis-Fäule werden hervor-
ragende edelsüße Weine (Spezialität:
Ausbruch) aber auch trockene, üppig-
schwere Weißweine produziert.

Klima / Bodenverhältnisse

Feuchtwarmes Klima im Sommer und
Herbstnebel begünstigen die erwünschte
Botrytis-Fäule. Böden meist Schwemm-
land.

Rebsorten

Weiß: Müller-Thurgau, Muskat-Ottonel,
Neuburger, Welschriesling, Weißburgun-
der.
Rot: Blaufränkisch (Lemberger).

Jahrgangstabelle:

1970	***	1986	****
1971	***	1987	**
1972	****	1988	**
1973	*****	1989	***
1974	***	1990	*****
1975	***	1991	****
1976	****	1992	***
1977	****	1993	***
1978	**	1994	****
1979	*****	1995	*****
1980	**	1996	**
1981	*****	1997	****
1982	**	1998	****
1983	****	1999	***
1984	***	2000	****
1985	****	2001	****

*	=	mangelhaft
**	=	durchschnittlich
***	=	gut
****	=	sehr gut
*****	=	hervorragend

Neusiedlersee Hügelland (A)

Region / Weinsorten

Anbaugebiet westlich des Neusiedlersees mit relativ hohem Prädikatsweinanteil (oft bis zur Trockenbeerenauslese) im nördlichen Bereich. Südlich vor allem Rotweinproduktion. Hinwendung zur Qualität.

Klima / Bodenverhältnisse

Klima etwas sonniger als am Neusiedlersee, deshalb auch weniger Luftfeuchtigkeit. Böden in Seenähe Sand und Kies, in Hanglagen Löß und Kalk.

Rebsorten

Weiß: Chardonnay, Furmint, Grüner Veltiner, Müller-Thurgau, Muskateller, Weißburgunder, Welschriesling.
Rot: Blauburgunder, Blaufränkisch, Cabernet Sauvignon, Merlot, St. Laurent, Zweigelt.

Jahrgangstabelle:

1970	***	1986	****
1971	***	1987	**
1972	***	1988	**
1973	*****	1989	***
1974	***	1990	*****
1975	***	1991	****
1976	****	1992	**
1977	****	1993	****
1978	**	1994	**
1979	*****	1995	*****
1980	**	1996	***
1981	*****	1997	***
1982	**	1998	****
1983	****	1999	***
1984	***	2000	****
1985	****	2001	****

*	=	mangelhaft
**	=	durchschnittlich
***	=	gut
****	=	sehr gut
*****	=	hervorragend

Steiermark (A)

Region / Weinsorten

Südlichste Weinbauregion in Österreich. Meist südlich ausgerichtete Steillagen, die von bäuerlichen Kleinbetrieben bewirtschaftet werden. Unterteilt sich in

- Weststeiermark
- Südsteiermark
- Süd-Oststeiermark.

Klima / Bodenverhältnisse

Klimatisch an der Grenze von Nord- und Südeuropa gelegen, oft heiße Tage und kalte Nächte. Böden unterschiedlich, teils Schiefer (Weststeiermark).

Rebsorten

Weiß: Chardonnay (Morillon), Gelber Muskateller, Sauvignon blanc, Traminer.
Rot: Blauer Wildbacher.

Jahrgangstabelle:

1970	***	1986	*****
1971	***	1987	****
1972	***	1988	**
1973	****	1989	***
1974	***	1990	*****
1975	****	1991	**
1976	****	1992	*****
1977	****	1993	****
1978	**	1994	***
1979	****	1995	****
1980	**	1996	***
1981	****	1997	*****
1982	**	1998	***
1983	****	1999	*****
1984	**	2000	****
1985	***	2001	****

*	=	mangelhaft
**	=	durchschnittlich
***	=	gut
****	=	sehr gut
*****	=	hervorragend

Südburgenland (A)

Region / Weinsorten

Südlichste Region des Burgenlandes. Traditionell Weißweinanbau, aber auch hervorragende Rotweine (Blaufränkisch). Sehr gute Süßweine.

Klima / Bodenverhältnisse

Durch die Nähe zum Neusiedler See hat das gesamte Burgenland mit das günstigste, wärmste Klima Österreichs. Im Südburgenland auch im Sommer genügend Niederschläge. Sand- und Lehmböden, in höheren Lagen Kalk.

Rebsorten

Weiß: Chardonnay, Furmint, Grüner Veltiner, Müller-Thurgau, Sauvignon blanc, Welschriesling.
Rot: Blaufränkisch, Zweigelt.

Jahrgangstabelle:

1970	***	1986	****
1971	***	1987	**
1972	***	1988	***
1973	*****	1989	**
1974	***	1990	****
1975	***	1991	*
1976	*****	1992	*****
1977	****	1993	*****
1978	**	1994	****
1979	*****	1995	***
1980	***	1996	***
1981	*****	1997	****
1982	**	1998	**
1983	***	1999	****
1984	**	2000	*****
1985	***	2001	****

*	=	mangelhaft
**	=	durchschnittlich
***	=	gut
****	=	sehr gut
*****	=	hervorragend

Thermenregion (A)

Region / Weinsorten

Niederösterreich. Weinbauregion seit 1985 mit zahlreichen Thermalquellen, südlich der Stadt Wien gelegen. Schöne, trocken ausgebaute Welschriesling¡ Weißweine. Spezialität: "Spätrot , kräftiger, süßlicher Wein aus dem Verschnitt von Zierfandler und Rotgipfler.

Klima / Bodenverhältnisse

Warme Sommer und ein meist trockenes Klima. Unterschiedliche Böden, meist Schwemmland (Kies, Lehm, Löß).

Rebsorten

Weiß: Grüner Veltiner, Müller-Thurgau, Riesling, Rotgipferl, Zierfandler.
Rot: Blauburgunder, Blauer Portugieser, Pinot Noir, Merlot, Zweigelt.

Jahrgangstabelle:

1980	***	1991	*
1981	***	1992	***
1982	**	1993	****
1983	*****	1994	***
1984	**	1995	***
1985	***	1996	**
1986	*****	1997	***
1987	**	1998	**
1988	****	1999	****
1989	*	2000	*****
1990	***	2001	****

*	=	mangelhaft
**	=	durchschnittlich
***	=	gut
****	=	sehr gut
*****	=	hervorragend

Traisental (A)

Region / Weinsorten

Neueres niederösterreichisches, an der Donau im Süden von Krems gelegenes Anbaugebiet. Hauptsächlich Produktion von trockenem Weißwein, teils beachtlicher Qualität.

Klima / Bodenverhältnisse

Warme Sommer und ein meist trockenes Klima. Unterschiedliche Böden, verwittertes Urgestein (terrassierte Lagen), in Niederungen Schwemmland.

Rebsorten

Weiß: Grüner Veltiner, Müller-Thurgau, Riesling, Welschriesling.
Rot: Blauburgunder, Blauer Portugieser, Merlot, Zweigelt.

Jahrgangstabelle:

1980	***	1991	**
1981	***	1992	*****
1982	**	1993	****
1983	*****	1994	***
1984	**	1995	***
1985	***	1996	**
1986	*****	1997	***
1987	**	1998	**
1988	****	1999	****
1989	*	2000	*****
1990	*****	2001	****

*	=	mangelhaft
**	=	durchschnittlich
***	=	gut
****	=	sehr gut
*****	=	hervorragend

Wachau (A)

Region / Weinsorten

Niederösterreichisches, an der Donau westlich der Stadt Krems gelegenes Spitzenanbaugebiet. Appellation "**Vinea Wachau** mit eigener Klassifizierung (siehe Einführung). Sehr feiner Riesling.

Klima / Bodenverhältnisse

Warme Sommer und ein meist trockenes Klima. Unterschiedliche Böden: meist Schiefer oder Kalk auf Urgestein (Granit), in Niederungen Schwemmland (Kies, Lehm, Löß).

Rebsorten

Weiß: Chardonnay, Grüner Veltiner, Müller-Thurgau, Riesling, Weißer Burgunder.
Rot: Blauburgunder, Blauer Portugieser, Pinot Noir, St. Laurent, Zweigelt.

Jahrgangstabelle:

1980	***	1991	*
1981	***	1992	***
1982	**	1993	****
1983	*****	1994	***
1984	**	1995	***
1985	***	1996	**
1986	*****	1997	***
1987	**	1998	**
1988	****	1999	****
1989	*	2000	*****
1990	***	2001	****

*	=	mangelhaft
**	=	durchschnittlich
***	=	gut
****	=	sehr gut
*****	=	hervorragend

Weinviertel (A)

Region / Weinsorten

Größtes Anbaugebiet Niederösterreichs. Entstand 1985 durch Zusammenlegung der Anbaugebiete Retz und Falkenstein. Frische, fruchtige Weißweine (Grüner Veltiner) mit feiner Säurestruktur.

Klima / Bodenverhältnisse

Warme Sommer und ein trockenes Kontinentalklima. Im Nordosten der Region etwas feuchter. Unterschiedliche Böden, meist Schiefer oder Kalk auf Granit, in Niederungen Schwemmland (Kies, Lehm, Löß). Im Osten meist Urgestein (Granit).

Rebsorten

Weiß: Grüner Veltiner, Müller-Thurgau, Riesling, Welschriesling.
Rot: Blauburgunder, Blauer Portugieser, Pinot Noir, Merlot, Zweigelt.

Jahrgangstabelle:

1980	***	1991	**
1981	***	1992	***
1982	**	1993	****
1983	*****	1994	***
1984	**	1995	***
1985	***	1996	**
1986	*****	1997	***
1987	**	1998	**
1988	****	1999	****
1989	*	2000	*****
1990	***	2001	****

*	=	mangelhaft
**	=	durchschnittlich
***	=	gut
****	=	sehr gut
*****	=	hervorragend

West - Steiermark (A)

Region / Weinsorten

Kleinstes in der Steiermark gelegenes Weinanbaugebiet. Spezialität ist der rassige, fruchtige "Schilcher , ein heller (meist zwiebelfarber) Rosé, der zu 80 % aus dem Blauen Wildbacher gekeltert wird.

Klima / Bodenverhältnisse

Klimatisch an der Grenze von Nord- und Südeuropa gelegen, oft heiße Tage und kalte Nächte. Böden unterschiedlich, meist Schiefer.

Rebsorten

Weiß: Chardonnay (Morillon), Gelber Muskateller, Sauvignon blanc, Traminer.
Rot: Blauer Wildbacher.

Jahrgangstabelle:

1970	***	1986	*****
1971	***	1987	****
1972	***	1988	**
1973	****	1989	***
1974	***	1990	*****
1975	****	1991	**
1976	****	1992	*****
1977	****	1993	****
1978	**	1994	***
1979	****	1995	****
1980	**	1996	***
1981	****	1997	*****
1982	**	1998	***
1983	****	1999	*****
1984	**	2000	****
1985	***	2001	****

*	=	mangelhaft
**	=	durchschnittlich
***	=	gut
****	=	sehr gut
*****	=	hervorragend

Wien (A)

Region / Weinsorten

Kleinste Weinbauregion Österreichs. Hauptsächlich Weißweinproduktion im Westen der Stadt Wien. Weine größtenteils einfacher, teils aber auch von beachtlicher Qualität. Bekannt vor allem durch den "Heurigen , einen jungen Wein aus der vorausgegangenen Lese, der sich in Wiener Heurigen-Kneipen größter Beliebtheit erfreut.

Klima / Bodenverhältnisse

Trockenes, ausgeglichenes kontinentales Klima.

Rebsorten

Weiß: Grüner Veltiner, Rheinriesling, Weißer Burgunder.

Jahrgangstabelle:

1987	**	1995	***
1988	***	1996	**
1989	**	1997	****
1990	****	1998	***
1991	*	1999	*****
1992	****	2000	***
1993	****	2001	****
1994	***		

*	=	mangelhaft
**	=	durchschnittlich
***	=	gut
****	=	sehr gut
*****	=	hervorragend

Teil 3

Schweiz

Einführung Schweiz

Schweizer Weine sind rar und teuer. Sagt
man. Rar sind sie, die Schweizer sind
nämlich Weintrinker. Und da die Schwei-
zer beim Wein machen genau so sorgfältig
vorgehen, wie mit ihrem Bankgeheimnis,
hat das auch seinen Preis. Die Tatsache,
daß die schweizer Winzer fast ausschließ-
lich in Steillagen produzieren, trägt eben-
falls zur Preisfindung im oberen Segment
bei.

Das Weingesetz ist in der Schweiz ein Teil
des Lebensmittelgesetzes, dessen Bestim-
mungen für Wein nicht sehr umfangreich
sind. Auf Ausnahmeregelungen, die
Weingesetze anderer Länder kompliziert
und umfangreich machen, verzichtet man
in der Schweiz. Alle Weine zum Beispiel,
die mehr als 4 Gramm Restzucker pro Li-
ter aufweisen, müssen auf dem Etikett als
"leicht süß ausgewiesen werden.

Doch solche Weine findet man in der Schweiz recht selten: Der Schweizer mag seinen Wein aus Prinzip vollkommen durchgegoren, also trocken.

Schweizer Weine sind aber auch anders: Besonders die Weißweine.
Die schweizer Weinmacher gönnen auch ihren Weißen eine malolaktische Gärung. Diese sog. Milchsäuregärung kommt sonst in der Regel nur Rotweinen zugute, um diese "weich zu machen . Die malolaktische Gärung baut die im Wein enthaltene Apfelsäure zu Milchsäure um. Hierdurch werden die schweizer Weißweine so, wie sie die Schweizer mögen. Allerdings führt diese Methode auch dazu, daß diese Weine nicht in den Export gelangen, weil ihnen die von den EU-Richtlinien geforderten Säureanteile fehlen. Auch das führt dazu, daß schweizer Weine so selten in den Regalen anderer Länder zu finden sind.

Schweiz Einführung

Das folgende Glossar soll Ihnen die Fach-
begiffe der schweizer Weinwelt zusam-
menfassen:

- **Beerliwein** ist ein traditionell aus ab-
  gebeerten Trauben gekelterter, auf der
  Maische vergorener Landwein

- **Cru** Weine sind Weine aus genau be-
  stimmten geographischen Lagen wie
  beispielsweise
  - **Abbaye** für Klöster,
  - **Clos** für von einer Mauer umgebene
    Weinberge/Weingärten,
  - **Château** für Schlösser oder
  - **Domaine** für ein bestimmtes Wein-
    gut

Daneben stellen
- **Grand Cru** oder
- **Premier Cru**
Qualitätsklassifizierungen für Spitzen-
lagen dar.

- **Federweißer** ist eine Bezeichnung für Weine aus sofort abgepressten Blauburgundertrauben (ähnlich dem Weißherbst)

- **Flétri** bezeichnet sehr spät gelesenes und damit entsprechend reifes Lesegut für Süßweinspezialitäten

- **Gletscherwein** oxidative Weißweinspezialität, in Lärchenholzfässern ausgebaut.

- **Nostrano** nennt man einfache Weine mit geographischer Herkunftsbezeichnung die den für die Ursprungsbezeichnung erforderlichen Reife-(Öchsle-) Grad nicht erreicht haben.

- **Œil de Perdrix** ist ein Roséwein aus Pinot-Noir.

Einführung Schweiz

- **Schiller** ist ein Roséwein aus einer Mischung von Rot- und Weißweintrauben.

- **Süßdruck** ist ein trocken ausgebauter, kurz maischevergorener Rotwein von heller Farbe.

Bern – Bielersee (Ch)

Region / Weinsorten

AOC Weinbaugebiet (seit 1996) nördlich des Bielersees. Ausgesprochen trockene, süffige Gutedel (Chasselas) Weißweine. Ordentliche Rote (Pinot noir).

Klima / Bodenverhältnisse

Mildes, kontinentales Klima.
Kalkhaltige Böden am Nordufer des Bielersees. Am Fuß des Jolimont molassehaltige Moränenböden.

Rebsorten

Weiß: Gutedel (Chasselas)

Rot: Pinot noir.

Jahrgangstabelle:

1970	***	1986	****
1971	*****	1987	***
1972	**	1988	**
1973	**	1989	***
1974	***	1990	****
1975	*****	1991	*****
1976	****	1992	**
1977	***	1993	***
1978	***	1994	**
1979	****	1995	****
1980	**	1996	****
1981	***	1997	***
1982	**	1998	*****
1983	****	1999	****
1984	***	2000	****
1985	****	2001	***

*	=	mangelhaft
**	=	durchschnittlich
***	=	gut
****	=	sehr gut
*****	=	hervorragend

Fribourg (Ch)

Region / Weinsorten

Neben dem Jura das kleinste schweizer Weinbaugebiet an den Ufern des Murtensees und am Südufer des Neuenburgersees. AOC-Status seit 1997. Tiefrote, fruchtige Gamay-Weine (auch als Primeur).

Klima / Bodenverhältnisse

Mildes Kontinentalklima mit positiven Einflüssen durch die Uferlage. Böden: Sandstein unterschiedlichster Struktur.

Rebsorten

Weiß: Gutedel (Chassela)

Rot: Pinot noir, Gamay.

Jahrgangstabelle:

1970	***	1986	****
1971	*****	1987	***
1972	***	1988	****
1973	**	1989	***
1974	***	1990	*****
1975	***	1991	**
1976	*****	1992	***
1977	***	1993	**
1978	***	1994	***
1979	****	1995	****
1980	**	1996	***
1981	****	1997	*****
1982	**	1998	****
1983	****	1999	****
1984	**	2000	****
1985	****	2001	***

*	=	mangelhaft
**	=	durchschnittlich
***	=	gut
****	=	sehr gut
*****	=	hervorragend

Genf (Ch)

Region / Weinsorten

AOC seit 1988 und damit die älteste AOC Appellation der Schweiz.
Drei Unterregionen:

- Mandement
- Entre Arve et Rhône
- Entre Arve et Lac

Traditionelle Weißweinregion, Rotweinproduktion ansteigend.

Klima / Bodenverhältnisse

Mild, da postitiv vom Klima der Seen beeinflusst.

Rebsorten

Weiß: Aligoté, Cabernet franc, Chardonnay, Gutedel (Chasselas), Pinot blanc, Pinot gris.
Rot: Cabernet Sauvignon, Gamaret, Gamay, Pinot noir.

Genf (Ch)

Jahrgangstabelle:

1970	***	1986	****
1971	****	1987	***
1972	***	1988	****
1973	**	1989	****
1974	***	1990	*****
1975	***	1991	**
1976	****	1992	***
1977	***	1993	**
1978	***	1994	***
1979	****	1995	****
1980	**	1996	****
1981	***	1997	*****
1982	**	1998	****
1983	****	1999	****
1984	***	2000	****
1985	****	2001	****

*	=	mangelhaft
**	=	durchschnittlich
***	=	gut
****	=	sehr gut
*****	=	hervorragend

Neuenburg - Neuchâtel (Ch)

Region / Weinsorten

AOC-Anbaugebiet seit 1993 in der Westschweiz zwischen Neuenburger- und Bielersee. Rassig-frischer Chassela. Sehr gute Pinot noir Rotweine.

Spezialitäten:

- Non-filtré: früher hefeabzug.
- ø il de Perdrix: kurze Maischegärung.
- Perdrix Blanc: Weiß gekelterter Perdirx (einstmals auch Blanc de noir)

Klima / Bodenverhältnisse

Mildes, trocken-sonniges Klima. Hanglagen Kalk, Niederungen Schwemmland.

Rebsorten

Weiß: Chardonnay, Gewürztraminer, Gutedel (Chassela), Pinot gris, Sauvignon blanc.
Rot: Perdrix, Pinot noir.

Jahrgangstabelle:

1970	***	1986	****
1971	****	1987	***
1972	***	1988	***
1973	**	1989	***
1974	***	1990	*****
1975	***	1991	**
1976	****	1992	***
1977	***	1993	**
1978	***	1994	***
1979	****	1995	****
1980	*	1996	***
1981	***	1997	*****
1982	**	1998	****
1983	*****	1999	****
1984	***	2000	****
1985	****	2001	****

*	=	mangelhaft
**	=	durchschnittlich
***	=	gut
****	=	sehr gut
*****	=	hervorragend

Schaffhausen (Ch)

Region / Weinsorten

Am Rhein gelegene AOC-Region (seit 1998). Ordentliche Blauburgunder und Anbau mehrerer, alter autochthoner Rebsorten.

Klima / Bodenverhältnisse

Mildes kontinentales Klima duch die Lage im Rheintal. Böden meist Schwemmland (Niederungen).

Rebsorten

Weiß: Chasselas, Müller-Thurgau sowie alte, autochthone Rebsorten.

Rot: Blauburgunder und alte, autochthone Rebsorten.

Jahrgangstabelle:

1970	∗∗∗	1986	∗∗∗∗
1971	∗∗∗∗	1987	∗∗∗
1972	∗∗∗	1988	∗∗∗
1973	∗∗∗	1989	∗∗∗
1974	∗∗∗	1990	∗∗∗∗∗
1975	∗∗∗∗	1991	∗∗
1976	∗∗∗∗	1992	∗∗∗
1977	∗∗∗	1993	∗∗
1978	∗∗	1994	∗∗∗
1979	∗∗∗	1995	∗∗∗∗
1980	∗∗	1996	∗∗∗
1981	∗∗∗	1997	∗∗∗∗∗
1982	∗∗	1998	∗∗∗∗
1983	∗∗∗∗	1999	∗∗∗∗
1984	∗∗∗	2000	∗∗∗∗
1985	∗∗∗∗	2001	∗∗∗∗

∗	=	mangelhaft
∗∗	=	durchschnittlich
∗∗∗	=	gut
∗∗∗∗	=	sehr gut
∗∗∗∗∗	=	hervorragend

Tessin - Ticino (Ch)

Region / Weinsorten

AOC-Anbaugebiet in der Südschweiz seit 1997. Spritzige Weißweine. Bemerkenswerte Roséweine aus Merlot. Teils auch Weißwein aus Merlot.

Klima / Bodenverhältnisse

Im Bereich Sottoceneri milder als im höher gelegenen Sopraceneri. Mittelmeereinfluß.
Böden: Hanglagen oft Kalk. In Niederungen Schwemmland.

Rebsorten

Weiß: Chardonnay, Gutedel (Chassela), Sauvignon blanc, Sémillon.
Rot: Bondola, Cabernet Sauvignon, Cabernet franc, Gamaret, Merlot, Pinot Noir.

Jahrgangstabelle:

1970	***	1986	****
1971	****	1987	***
1972	**	1988	***
1973	**	1989	***
1974	***	1990	*****
1975	***	1991	**
1976	****	1992	**
1977	*	1993	**
1978	****	1994	***
1979	***	1995	****
1980	***	1996	****
1981	**	1997	*****
1982	**	1998	****
1983	****	1999	****
1984	***	2000	****
1985	****	2001	****

*	=	mangelhaft
**	=	durchschnittlich
***	=	gut
****	=	sehr gut
*****	=	hervorragend

Waadt (Ch)

Region / Weinsorten

AOC-Status seit 1995. In der Westschweiz an Genfer See und Rhone gelegen. Hauptsächlich Anbau von Gutedel (Chassela), der es hier zu beachtlichen Weinen bringt.

Klima / Bodenverhältnisse

Mildes Klima durch den Einfluß des Rhonetals und die Nähe des Genfer Sees bedingt. In der Regel trocken und sonnig. Boden oft Kalk, in Niederungen Schwemmland.

Rebsorten

Weiß: hauptsächlich Gutedel (Chassela), sonst autochthone Rebsorten.
Rot: Gamay, Pinot noir und autochthone Rebsorten.

Jahrgangstabelle:

1970	***	1986	****
1971	*****	1987	***
1972	***	1988	***
1973	**	1989	***
1974	***	1990	*****
1975	***	1991	**
1976	*****	1992	***
1977	***	1993	**
1978	***	1994	***
1979	****	1995	****
1980	*	1996	***
1981	***	1997	*****
1982	**	1998	****
1983	****	1999	****
1984	***	2000	****
1985	****	2001	****

*	=	mangelhaft
**	=	durchschnittlich
***	=	gut
****	=	sehr gut
*****	=	hervorragend

Wallis (Ch)

Region / Weinsorten

AOC Status seit 1991. Größte Anbauregion der Schweiz. In der Westschweiz gelegen. Es werden 47 (!) Rebsorten angebaut.

Klima / Bodenverhältnisse

Beste klimatische Lage der Schweiz durch den milden Einfluß des Rhonetals. Böden unterschiedlichster Art: Muränengestein, Geröll (Chablis). In höheren Lagen teils Kalkstein, in den Niederungen Schwemmland.

Rebsorten

Weiß: u.a. Fedant, Johannisberg und hauptsächlich alte, autochthone Sorten.

Rot: u.a. Gamay, Pinot noir und alte, autochthone Sorten.

Jahrgangstabelle:

1970	***	1986	****
1971	****	1987	***
1972	***	1988	***
1973	**	1989	***
1974	***	1990	*****
1975	***	1991	**
1976	*****	1992	**
1977	****	1993	**
1978	***	1994	*****
1979	*****	1995	****
1980	*	1996	***
1981	***	1997	*****
1982	***	1998	****
1983	***	1999	****
1984	***	2000	****
1985	****	2001	****

*	=	mangelhaft
**	=	durchschnittlich
***	=	gut
****	=	sehr gut
*****	=	hervorragend

Zürich (Ch)

Region / Weinsorten

AOC-Status seit 1998. Ostschweiz. Wichtigste Anbaufläche der Region um den Zürichsee. Auch die Stadt Zürich besitzt noch Rebflächen.

Klima / Bodenverhältnisse

Kontinentales Klima mit milden Einflüssen vom Zürichsee. Böden in höheren Lagen Kalk und Geröll, in den Niederungen Schwemmland.

Rebsorten

Weiß: Chardonnay, Freisamer, Gewürztraminer, Pinot gris, Räuschling, Müller-Thurgau.
Rot: Blauburgunder.

Jahrgangstabelle:

1970	**	1986	****
1971	****	1987	***
1972	***	1988	***
1973	****	1989	***
1974	****	1990	*****
1975	*****	1991	**
1976	****	1992	***
1977	***	1993	**
1978	**	1994	***
1979	***	1995	****
1980	*	1996	***
1981	***	1997	*****
1982	***	1998	****
1983	****	1999	****
1984	***	2000	****
1985	****	2001	***

*	=	mangelhaft
**	=	durchschnittlich
***	=	gut
****	=	sehr gut
*****	=	hervorragend

Notizen

Notizen

Notizen

Notizen

Der Autor

Beruflich als Manager im Umfeld immobiler Großprojekte tätig, beschäftigt sich Thomas Hesele in seiner Freizeit neben Schreiben mit europäischen Weinen. So verbringt er zum Beispiel mehrere Wochen im Jahr an der spanischen Levante, von wo aus er seine vinophilen Exkursionen in die Weinbaugebiete Spaniens startet. Neben der Welt des Weines gehört seine Leidenschaft aber auch den kulinarischen Reizen Europa, das er schon seit seiner Jugend bereist....

Hinweis

Neben dem vorliegenden Werk sind von Thomas Hesele bisher erschienen:

- **Die spanischen Weinjahrgänge**
  Die D.O.-Anbaugebiete seit 1970.
  ISBN 3-8311-3766-8

- **Die Weinjahrgänge Spanien und Portugal**
  Die Anbaugebiete seit 1970
  ISBN 3-8311-4779-5

In Kürze erscheinen:

- **Die Weinjahrgänge Frankreich**
  Die A.O.C.-Anbaugebiete seit 1970.

- **Die Weinjahrgänge Italien**
  Die D.O.C.-Anbaugebiete seit 1970.

- **Die Weinjahrgänge Australien, Amerika und Süd-Afrika**

- **Valencia**
  Ein kulinarischer Reiseführer
- **Straßburg**
  Ein kulinarischer Reiseführer

Das zukünftige Schicksal der Menschheit

Das Buch zeigt die akuten Gefahren der bevorstehenden Klimakatastrophe und die Notwendigkeit gemeinsamer und global umfassender Maßnahmen.

Entscheidend ist neben speziellem Detailwissen die übergeordnete Sichtung und Bewertung der Zusammenhänge.

Gibt es für die Menschen Alternativen zum Lebensraum „Erde"?

Günter Taubert

Das zukünftige Schicksal der Menschheit

Analyse von Ursachen, Einflussfaktoren und Auswirkungen

Besonders danken möchte ich Dagmar Otte
und unserem Kreis für die engagierte Unterstützung
sowie wertvolle Hinweise und Anregungen
und Margit Heid für das Coverbild.

Bibliografische Information der Deutschen Nationalbibliothek:
Die Deutsche Nationalbibliothek verzeichnet diese Publikation in der
Deutschen Nationalbibliografie; detaillierte bibliografische Daten sind
im Internet über < http://dnb.d-nb.de > abrufbar.

© 2008 Günter Taubert
Satz, Umschlaggestaltung, Herstellung und Verlag:
Books on Demand GmbH, Norderstedt
ISBN 978-3-8370-4843-8